Stark County District Library
Main Library
715 Market Ave N
Canton, OH 44702
330.452.0665 AUG _ _ 20
www.starklibrary.org

DISCARD

La vida en el pantano

Por David C. Lion

Children's Press®
An Imprint of Scholastic Inc.
New York Toronto London Auckland Sydney
Mexico City New Delhi Hong Kong
Danbury, Connecticut

Subject Consultant: Susan Woodward, Professor of Geography, Radford University, Radford, Virginia

Reading Consultant: Cecilia Minden-Cupp, PhD, Former Director of the Language and Literacy Program, Harvard Graduate School of Education, Cambridge, Massachusetts

Photographs © 2007: Animals Animals: 15 (C.C. Lockwood), cover background (Brian K. Miller), 21 top (Robert Winslow), 20 bottom (Maria Zorn); Corbis Images/Markus Botzek/zefa: 23 bottom right; Dembinsky Photo Assoc.: 5 top right, 8 (Bill Lea), 23 top left (Doug Locke), cover left inset, 5 top left, 6 (Gary Meszaros), cover center inset, 5 bottom right, 11 (Ted Nelson); Minden Pictures/Gerry Ellis: 19; NHPA/James Carmichael Jr.: back cover, 5 bottom left, 9; Peter Arnold Inc./A. & J. Visage: 2, 13; Photo Researchers, NY: cover right inset, 4 bottom left, 17 (Joseph T. and Suzanne L. Collins), 1, 4 bottom right, 7 (Gregory G. Dimijian), 23 bottom left, 23 top right (Thomas & Pat Leeson); The Image Works/Eastcott/Momatiuk: 4 top, 16; Tom Stack & Associates, Inc./Therisa Stack: 21 bottom; TRIP Photo Library/Helene Rogers: 20 top.

Book Design: Simonsays Design!
Book Production: The Design Lab

Library of Congress Cataloging-in-Publication Data

Lion, David C., 1948-
[Home in the swamp. Spanish]
 La vida en el pantano / por David C. Lion.
   p. cm. — (Scholastic news nonfiction readers en español)
 Includes bibliographical references.
 ISBN-13: 978-0-531-20714-7 (lib. bdg.)   978-0-531-20648-5 (pbk.)
 ISBN-10: 0-531-20714-5 (lib. bdg.)   0-531-20648-3 (pbk.)
 1. Swamp ecology—Juvenile literature. I. Title. II. Series.
QH541.5.S9L5618 2008
577.68—dc22   2007050249

Copyright © 2008 by Scholastic Inc.
All rights reserved. Published simultaneously in Canada.
Printed in the United States of America.   44

CHILDREN'S PRESS and associated logos are trademarks and/or registered trademarks of Scholastic Library Publishing. SCHOLASTIC and associated logos are trademarks and/or registered trademarks of Scholastic Inc.

1 2 3 4 5 6 7 8 9 10 R 17 16 15 14 13 12 11 10 09 08

CONTENIDO

Caza de palabras 4–5

¿Qué lugar es éste? 6–7

Pantanos 8–9

Patos de la Florida 10–13

Aligátor americano 14–15

Ranas cerdo 16–17

Un hábitat extraordinario 18–19

**Un día en la vida de
  un aligátor** 20–21

Nuevas palabras 22

**Otros animales que viven en
  los pantanos** 23

Índice 24

Un poco más 24

Sobre el autor 24

Caza de palabras

Busca estas palabras mientras lees. Aparecerán en **negrita.**

cangrejo de río

rana cerdo

musgo español

libélula

hábitat

pantano

patos de la Florida

¿Qué lugar es éste?

Hace calor y hay humedad. La tierra está mojada. **Musgo español** cuelga de los árboles.

Una **libélula** pasa zumbando. ¿Dónde estamos?

libélula

El musgo español cuelga de los árboles que crecen en el agua.

¡Estamos en un **pantano** en el sur de Estados Unidos!

El pantano es un tipo de **hábitat**. Un hábitat es el lugar donde vive un tipo de planta o animal.

Hace calor. El suelo está mojado y esponjoso.

hábitat

Muchos de los árboles de los pantanos crecen en el agua.

Los **patos de la Florida** viven en los pantanos y se alimentan de pequeños peces, insectos, plantas acuáticas, bellotas y bayas.

Las tortugas mordedoras también viven en los pantanos. Se comen los polluelos de los patos. También cazan peces, ranas y serpientes.

Los patos de la Florida construyen sus nidos en los huecos de los árboles.

Los aligátores son los animales más grandes de los pantanos.

¿Dónde construye su casa un aligátor de 400 libras de peso? ¡Donde él quiera!

¡El aligátor tiene ochenta dientes!

El aligátor construye su casa cavando un hueco con el hocico y la cola. Estos se llaman huecos de aligátor y están llenos de agua.

El color del aligátor lo ayuda a confundirse con sus alrededores.

La **rana cerdo** también vive en los pantanos. Estas ranas comen, mayormente, **cangrejos de río** e insectos.

cangrejo de río

Se le llama rana cerdo, porque hace un sonido parecido al gruñido de los cerdos.

¡Los pantanos son lugares extraordinarios para explorar! Si viajas en canoa, podrás ver los aligátores. También podrás ver flamencos y otros animales increíbles que viven en este hábitat.

UN DÍA EN LA VIDA DE UN ALIGÁTOR

¿Qué hace un aligátor la mayor parte del tiempo? El aligátor se sumerge en el agua de lagos y lagunas o en los huecos que construye.

¿Qué come un aligátor? Come peces, ranas, serpientes, pájaros, mapaches, zarigüeyas y, algunas veces, otros aligátores.

¿Quiénes son los enemigos del aligátor? Sus enemigos son otros aligátores y los seres humanos.

¿Tiene el aligátor algún ardid especial para sobrevivir? Puede camuflarse en sus alrededores. Es de color marrón verdoso. ¡Cuando no se mueve, se confunde con el tronco de un árbol!

NUEVAS PALABRAS

cangrejos de río animales parecidos a las langosta pero mucho más pequeños

libélula insecto volador de cuerpo alargado y delgado que vive, por lo general, cerca del agua

hábitat lugar donde vive un tipo de planta o animal

ranas cerdo ranas muy activas y de gran tamaño que cazan de noche

musgo español planta que cuelga de las ramas de los árboles

pantano terreno cubierto de agua y de suelo esponjoso

patos de la Florida patos que anidan en los árboles

OTROS ANIMALES QUE VIVEN EN LOS PANTANOS

castores

nutrias

panteras

grulla gris

ÍNDICE

aligátores, 12, 14, 18, 20-21
árboles, 6, 7
bayas, 10
bellotas, 10
cangrejo de río, 16
flamencos, 18
hábitats, 8
huecos de aligátor, 14, 20
insectos, 6, 10, 16
libélula, 6
mapaches, 20
musgo español, 6, 7
pájaros, 20
patos de la Florida, 10
plantas acuáticas, 10
peces, 10, 20
ranas, 10, 16, 20
ranas cerdo, 16
seres humanos, 21
serpientes, 10, 20
suelo, 6, 8
tortugas mordedoras, 10
zarigüeyas, 20

UN POCO MÁS

Libro:
Gibbons, Gail. *Marshes and Swamps.* New York: Holiday House, 1998.

Página web:
Science News for Kids: Saving Wetlands
http://www.sciencenewsforkids.org/articles/20050406/Feature1.asp

SOBRE EL AUTOR:

David Lion es maestro jubilado y autor de libros para niños. Vive con su esposa Kathy y su gato Jeep en Glens Falls, Nueva York. Cuando no escribe, viaja en su bote, juega golf o le lee libros a su nieta.